감사로 시작하는
아침기도
노트

김민정 목사

좋은목회연구소 대표, 우리는교회(박광리 담임목사) 협력목사. 그리스도인들이 치열한 삶의 현장 속에서도 하나님과의 동행을 누리며 복음을 힘 있게 살아내도록 돕고 있다. 저자는 『하나님과 함께하는 출근길 365』, 『하나님과 함께하는 아침기도 365』, 『하나님을 찬양하는 감사기도 365』 등의 기도문 시리즈를 집필했으며 이 기도문은 앱으로도 출시될 예정이다. 그 외 저서로는 『모든 성도는 이제 인대인이다!』, 『이야기로 본 인대인 삶 바꾸기 1』, 『이야기로 본 새가족 성경공부』(이상 생명의말씀사) 등이 있다.

저자 이메일 newsong35@naver.com / 좋은목회연구소 www.churchinhim.org

감사로 시작하는
아침기도 노트 1

ⓒ 생명의말씀사 2019

2019년 10월 31일 1판 1쇄 발행
2025년 7월 3일 3쇄 발행

펴낸이 | 김창영
펴낸곳 | 생명의말씀사

등록 | 1962. 1. 10. No.300-1962-1
주소 | 서울시 종로구 경희궁1길 6(03176)
전화 | 02)738-6555(본사) · 02)3159-7979(영업)
팩스 | 02)739-3824(본사) · 080-022-8585(영업)

지은이 | 김민정

기획편집 | 서정희, 장주연
디자인 | 박소정
인쇄 | 예원프린팅
제본 | 비춤바인텍

ISBN 978-89-04-17202-3 (03230)

저작권자의 허락없이 이 책의 일부 또는 전체를
무단 복제, 전재, 발췌하면 저작권법에 의해 처벌을 받습니다.

감사로 시작하는
아침기도
노트

김민정 지음

들어가는 말

하나님을 향한 갈망, 사랑, 기대감을 써보십시오.
여러분의 마음을 기록해보십시오.

기도문을 쓰고 책을 집필한 지 꽤 오랜 시간이 흘렀습니다.
처음에는 그저 다른 사람에게 기도문을 전달하기 위해
의무감을 가지고 썼습니다.
그땐 잘 몰랐습니다. 그런데 시간이 지나면서 알게 되었지요.
기도문을 쓰는 것이 나에게 얼마나 유익한지를 말입니다.

말로 했던 기도들이 공중으로 날아가 사라지는 것 같을 때
내가 썼던 기도들은 기록으로 정확히 남았습니다.
글을 쓰는 과정 중에 나의 기도는 더 선명해졌습니다.
그리고 내 안에 담긴 이기적이며 탐욕적인 기도가 줄어갔습니다.
무엇이 잘못된 기도인지가 더 선명히 보였습니다.

기도문 쓰기는 여러분의 기도를 분명히 바꿀 것입니다.
하나님을 향한 갈망, 사랑, 기대감을 써보십시오.
여러분의 마음을 기록해보십시오.
하나님의 사랑과 응답, 인도하심을 경험하게 될 것입니다.
기도문을 쓰는 여러분의 그 시간에
성령 하나님이 함께하시길 기도합니다.

김민정

day 1

나를 통해 일하실 주님을 찬양합니다

지난해 나를 통해
일해주신 아버지를 찬양합니다.
오늘,
역사하실 아버지를 기대합니다.
나는 약하지만,
주님의 강함으로 다시 일어납니다.

오늘 나의 감사를 적어보세요

_____

_____

_____

오늘 나의 기도를 적어보세요

_____

_____

_____

내가 산을 향하여 눈을 들리라 나의 도움이 어디서 올까 나의 도움은 천지를 지으신 여호와에게서로다 시편 121:1-2.

day 2

내가 살아 있음은 아버지의 뜻입니다

볼을 스치는 차가운 바람도,
작은 햇살도,
나를 향한 주님의 따뜻한 시선도
감사합니다.
생명 다해
주님을 찬양합니다.

오늘 나의 감사를 적어보세요

오늘 나의 기도를 적어보세요

너희가 노년에 이르기까지 내가 그리하겠고 백발이 되기까지 내가 너희를 품을 것이라 내가 지었은즉 내가 업을 것이요 내가 품고 구하여 내리라 이사야 46:4.

day 3

모든 순간, 모든 것이 아버지 손안에 있습니다

오늘도 자신 있게
기쁨으로 달려갑니다.
주님의 보호하심을 기대합니다.
넘어지지 않고
일어날 힘을 얻습니다.

오늘 나의 감사를 적어보세요

-
-
-

오늘 나의 기도를 적어보세요

-
-
-

여호와께서 사람의 걸음을 정하시고 그의 길을 기뻐하시나니 그는 넘어지나 아주 엎드러지지 아니함은 여호와께서 그의 손으로 붙드심이로다 시편 37:23-24.

day 4

주님은 오늘도 나를 새롭게 만드십니다

일평생 매일매일 새로 자라나는
작은 머리카락도
주님이 부여하신
생명력임을 고백합니다.
이렇게 주님은
나를 매일 새롭게 하셨습니다.

오늘 나의 감사를 적어보세요

오늘 나의 기도를 적어보세요

너희에게는 심지어 머리털까지도 다 세신 바 되었나니 두려워하지 말라 너희는 많은 참새보다 더 귀하니라 누가복음 12:7.

day 5

생명을 찾겠습니다. 기쁨을 찾겠습니다

눈과 마음으로
비관을 뒤지지 않겠습니다.
생명을 찾겠습니다.
기쁨을 찾겠습니다.
아버지의 것을 열심히 찾으며
누리며 살겠습니다.

오늘 나의 감사를 적어보세요

오늘 나의 기도를 적어보세요

여호와여 아침에 주께서 나의 소리를 들으시리니 아침에 내가 주께 기도하고 바라리이다 시편 5:3.

day 6

나의 아버지는 나를 확실하게 사랑하십니다

아버지의 위대한 능력 안에서
나는 안전합니다.
내가 예상했던 것이 오지 않는다고
실망하지 않고,
예상하지 못했던 주님의 기쁨에
감사하겠습니다.

오늘 나의 감사를 적어보세요

___

오늘 나의 기도를 적어보세요

___

여호와께 감사하라 그는 선하시며 그 인자하심이 영원함이로다 시편 107:1.

day 7

주님의 등에 업혀 다시 시작합니다

혼자라는 생각을 버리고
주님과 동행을 시작합니다.
주님 등에 업혀 다시 시작합니다.
나의 주님으로 인해
승리할 것입니다.

오늘 나의 감사를 적어보세요

오늘 나의 기도를 적어보세요

내가 여호와를 항상 송축함이여 내 입술로 항상 주를 찬양하리이다 시편 34:1.

새해에 나를 통해 일하실 주님을 찬양합니다

새로운 한 해를 시작하는 은혜를 주신 아버지, 감사합니다.
하루를 시작하며 또다시 한 권의 깨끗한 스케치북을 받는 것처럼,
한 해를 시작하며 아주 커다란 하얀 도화지를 새로 받는 기쁨입니다.
새해에 부어주실 아버지의 크신 사랑과 은혜에 감사를 드립니다.

지난 한 해 동안 일해주신 아버지를 찬양합니다.
하나님은 시시각각 나를 도우셨습니다.
하나님의 놀라운 손길이 나를 감싸주었습니다.
내가 떨어질 때 주님이 나를 받아주셨습니다.
그래서 하나도 다치지 않고 이렇게 살아남아 새해를 맞이합니다.
지난 한 해의 모든 영광을 주님께 올려드립니다.
나를 통해 일해주신 주님의 일하심을 찬양합니다.

나의 입술을 들어 새해 동안에 일하실 주님을 찬양합니다.
오늘, 역사하실 아버지를 기대합니다.
나는 연약하지만, 주님의 강함으로 인해 실망하지 않습니다.
다시 일어나 나아갈 것입니다.
주님의 일하심을 기대하고 찬양합니다.
나의 사랑 되시는 예수 그리스도의 이름으로 기도합니다.
아멘!

day 8

가족은 하나님이 내게 주신 가장 큰 선물입니다

누구는 섬세하게,
누구는 담대하게 만드셨습니다.
누구는 예민하게,
누구는 무디게 만드셨습니다.
더 아름답게 하실
주님을 기대합니다.

오늘 나의 감사를 적어보세요

오늘 나의 기도를 적어보세요

보라 형제가 연합하여 동거함이 어찌 그리 선하고 아름다운고…헐몬의 이슬이 시온의 산들에 내림 같도다 거기서 여호와께서 복을 명령하셨나니 곧 영생이로다 시편 133:1, 3.

day 9

나도 오늘, 성실하겠습니다

내 안에 담긴
아버지의 영광이 드러나게 하소서.
나를 향한 아버지의 성실하심이
유효함을 믿습니다.
그 성실하심으로
나도 오늘, 성실하겠습니다.

오늘 나의 감사를 적어보세요

오늘 나의 기도를 적어보세요

주의 성실하심은 대대에 이르나이다 주께서 땅을 세우셨으므로 땅이 항상 있사오니 천지가 주의 규례들대로 오늘까지 있음은 만물이 주의 종이 된 까닭이니이다 시편 119:90-91.

day 10

하나님은 나보다 나를 더 지극히 사랑하십니다

장애물을 만날 때마다
하나님을 찬양하기 원합니다.
하나님의 손길에는
한 치의 오류도 없습니다.
하나님의 사랑이 나보다 더
지극함을 믿습니다.

오늘 나의 감사를 적어보세요

오늘 나의 기도를 적어보세요

우리가 사랑함은 그가 먼저 우리를 사랑하셨음이라 요한일서 4:19.

day 11

때로는 겨울 같지만, 나는 결코 죽지 않습니다

모든 자연이 겨울 속에
잠들어 있는 것 같으나
여전히 주님의 생명력을 품고 있음에
감사합니다.
나의 인생도 겨울 같지만
죽지 않음을 믿습니다.

오늘 나의 감사를 적어보세요

■ _____
_____
■ _____
_____
■ _____

오늘 나의 기도를 적어보세요

■ _____
_____
■ _____
_____
■ _____

네 평생에 너를 능히 대적할 자가 없으리니 내가 모세와 함께 있었던 것같이 너와 함께 있을 것임이니라 내가 너를 떠나지 아니하며 버리지 아니하리니 여호수아 1:5.

day 12

주신 것에 감사하고, 주실 것에 감사합니다

마음속에
백만 가지 기도 제목이 있지만,
다 내려놓고 주님 손에
이 하루를 올려드립니다.
오늘 나에게
부족한 것은 없습니다.

오늘 나의 감사를 적어보세요

-
-
-

오늘 나의 기도를 적어보세요

-
-
-

여호와여 주는 의로우시고 주의 판단은 옳으니이다 주께서 명령하신 증거들은 의롭고 지극히 성실하니이다 시편 119:137-138.

day 13

모든 것이 기적과 같은 은혜입니다

모든 것이 기적과 같은
은혜임을 고백합니다.
하나님이 거둬 가시면
남을 것이 없는 인생입니다.
풀이고 먼지인 인생을 들어 사용하시니
감사합니다.

오늘 나의 감사를 적어보세요

오늘 나의 기도를 적어보세요

이는 그가 우리의 체질을 아시며 우리가 단지 먼지뿐임을 기억하심이로다 시편 103:14.

day 14

주님과 가까워지는 것, 가장 큰 은혜입니다

나의 걱정 하나에
한 걸음 더 나아가고,
나의 번민 하나에
두 걸음 더 가까이 가겠습니다.
나의 고독 하나에
주님의 품에 와락 안기겠습니다.

오늘 나의 감사를 적어보세요

오늘 나의 기도를 적어보세요

나를 보내신 이가 나와 함께하시도다 나는 항상 그가 기뻐하시는 일을 행하므로 나를 혼자 두지 아니하셨느니라 요한복음 8:29.

오늘은 어제보다 나은 하루가 될 것입니다

사랑하는 하나님 아버지, 이 아침에 주님을 경배합니다.
내가 숨쉬는 모든 것이 주님의 은혜입니다.
어제의 모든 짐을 내려놓고 새로운 마음으로 하루를 시작하게 하소서.
예수 그리스도의 보혈로 나의 영혼이 씻김 받고 새로워질 줄 믿습니다.
비록 어제는 열매가 없었다 하더라도
오늘은 어제보다 나은 하루가 될 것을 믿습니다.
나에게 열매가 보이지 않더라도 실망하지 않고 주님을 인해 소망을 품습니다.
오늘도 손을 놓아버리고 싶은 나의 상황을 이기게 하시는 주님을 신뢰합니다.

내가 하나님의 사랑을 받는 것처럼 오늘도 내가 다른 사람을 사랑하게 하소서.
내가 주님의 선한 인도하심을 받는 것처럼
오늘 내가 다른 사람을 선하게 인도하게 하소서.
오늘도 주님의 형상을 닮은 나를 사랑하고 소중하게 여깁니다.
그 형상이 잘 드러나는 삶을 살도록 노력하겠습니다.

아버지의 변함없으심을 믿고 신뢰합니다.
거대한 산보다도 더 무거운 아버지의 사랑을 찬양합니다.
그것이 내 것임에 감탄합니다.
그 사랑을 누리고, 나누며, 찬양하는 하루 되게 하소서.
나의 사랑이 되시는 예수 그리스도의 이름으로 기도합니다.
아멘!

day 15

아버지로 다시 시작하게 하소서

아버지는 모든 것입니다.
아버지로 나는 빛납니다.
아버지로 모든 것을
다시 시작하게 하소서.
모든 것의 시작이며 끝이신
하나님을 찬양합니다.

오늘 나의 감사를 적어보세요

오늘 나의 기도를 적어보세요

모든 지킬 만한 것 중에 더욱 네 마음을 지키라 생명의 근원이 이에서 남이니라 **잠언 4:23**.

day 16

내 모든 삶의 무게, 주님 손안에 있습니다

나에게 주어진 책임이
무겁다 여기지 않고,
나로 감당하게 하시는
주님을 찬양합니다.
오늘 주어진 삶의 무게도
주님 손안에 있습니다.

오늘 나의 감사를 적어보세요

오늘 나의 기도를 적어보세요

우리에게 있는 대제사장은 우리의 연약함을 동정하지 못하실 이가 아니요 모든 일에 우리와 똑같이 시험을 받으신 이로되 죄는 없으시니라 히브리서 4:15.

day 17

오늘은 어제보다 나은 하루가 될 것입니다

비록 어제는
열매가 없었다 하더라도
오늘은 어제보다
나은 하루가 될 것을 믿습니다.
손 놓고픈 상황을
이기게 하시는 주님을 믿습니다.

오늘 나의 감사를 적어보세요

___

오늘 나의 기도를 적어보세요

___

하나님은 불의하지 아니하사 너희 행위와 그의 이름을 위하여 나타낸 사랑으로 이미 성도를 섬긴 것과 이제도 섬기고 있는 것을 잊어버리지 아니하시느니라 히브리서 6:10.

day 18

나에게로부터가 아니라 주님께로부터

나의 견딤은 나의 상황이 아닌
주님께 있습니다.
나의 이김은 나의 능력이 아닌
아버지께 있습니다.
나의 모든 선한 것은
주님께로부터입니다.

오늘 나의 감사를 적어보세요

_____
_____
_____

오늘 나의 기도를 적어보세요

_____
_____
_____

비록 무화과나무가 무성하지 못하며…외양간에 소가 없을지라도 나는 여호와로 말미암아 즐거워하며 나의 구원의 하나님으로 말미암아 기뻐하리로다 하박국 3:17-18.

day 19

하나님이 나의 아버지이심을 자랑합니다

부모님이 계신데도
집 나가 고아인 척하는 이처럼
하나님이 나의 아버지이심에도
혼자인 척하지 말게 하소서.

오늘 나의 감사를 적어보세요

오늘 나의 기도를 적어보세요

그리스도께서 대제사장 되심도 스스로 영광을 취하심이 아니요 오직 말씀하신 이가 그에게 이르시되 너는 내 아들이니 내가 오늘 너를 낳았다 하셨고 히브리서 5:5.

day 20

오늘은 하늘의 것을 꿈꾸며 살게 하소서

모든 문제 위에
위대하신 주님이 계십니다.
하나님이 나를 오늘도 주관하시니
걱정 없습니다.
아버지의 인도하심을 따라
순리대로 살게 하소서.

오늘 나의 감사를 적어보세요

오늘 나의 기도를 적어보세요

진실로 생명의 원천이 주께 있사오니 주의 빛 안에서 우리가 빛을 보리이다 시편 36:9.

day 21

모든 것을 미루고, 주님을 당깁니다

흉흉한 소문,
팍팍한 문제를 버리고
주께 나갑니다.
모든 이슈를 미루고
주님을 당깁니다.
내가 주님 앞에
가장 먼저 나아갑니다.

오늘 나의 감사를 적어보세요

오늘 나의 기도를 적어보세요

너희는 여호와의 선하심을 맛보아 알지어다 그에게 피하는 자는 복이 있도다 시편 34:8.

익숙해진 복들에 감사하게 하소서

내가 잠잘 때도 졸지 않고 일하시는 아버지, 감사합니다.
눈동자와 같이 나를 보호하셔서 오늘도 건강하게 눈 뜨게 하시니 감사합니다.
주님은 나를 방패와 같이 지키시고, 반석과 같이 흔들리지 않게 하셨습니다.
한순간도 놓지 않고 나를 위해 일하시는 주님을 찬양합니다.
오늘 나에게 일을 주시고, 일할 수 있는 건강을 주신 아버지, 감사합니다.
누군가 나에게 그 일을 맡길 만큼 성실함을 주심에 감사합니다.
그 일을 기대하는 누군가가 나를 믿고 있음에 감사합니다.
그리고 이 하루를 유지할 수 있는 능력을 주신 아버지, 감사합니다.

하나님이 허락하신 모든 복이 이 하루에 가득합니다.
하나의 사건으로 수만 개의 복을 부정하지 말게 하소서.
고작 수만 개의 복 중에 하나가 틀어졌음에 감사합니다.
얼마나 많은 변수가 있는데 모든 것을 지켜주시고
감당할 만하게 하시니 감사합니다.
익숙해진 복들에 불평하지 말게 하시고 감사하게 하소서.

오늘도 당연한 것은 하나 없습니다. 모든 것이 아버지의 은혜입니다.
그 사랑에 감사하고 찬양을 올려드립니다.
나의 주 예수 그리스도의 이름으로 기도합니다.
아멘!

day 22

익숙해진 복들에 감사하게 하소서

수만 개의 복 중에 하나가
틀어졌음에 감사합니다.
익숙해진 복들에 불평하지 말고
감사하게 하소서.
오늘도 당연한 것은
하나 없습니다.

오늘 나의 감사를 적어보세요

오늘 나의 기도를 적어보세요

나를 눈동자같이 지키시고 주의 날개 그늘 아래에 감추사 내 앞에서 나를 압제하는 악인들과 나의 목숨을 노리는 원수들에게서 벗어나게 하소서 시편 17:8-9.

day 23

오늘 다시 하늘을 보게 하소서

나를 회복하게 하시는
주님을 찬양합니다.
영적 침체가 있었더라도
다시 하늘을 보게 하소서.
주님이 나의 모든 힘의
근원이십니다.

오늘 나의 감사를 적어보세요

오늘 나의 기도를 적어보세요

여호와는 나의 힘과 나의 방패이시니 내 마음이 그를 의지하여 도움을 얻었도다 그러므로 내 마음이 크게 기뻐하며 내 노래로 그를 찬송하리로다 시편 28:7.

day 24

나의 호흡 가운데서도 하나님을 느끼게 하소서

오늘도 주님 속에
온전히 거하게 하소서.
나의 마시는 호흡이
은혜를 마시게 하시고,
나의 내뱉는 호흡이
죄를 내뱉게 하소서.

오늘 나의 감사를 적어보세요

-
-
-

오늘 나의 기도를 적어보세요

-
-
-

우주와 그 가운데 있는 만물을 지으신 하나님께서는 천지의 주재시니…이는 만민에게
생명과 호흡과 만물을 친히 주시는 이심이라 사도행전 17:24-25.

day 25

주님처럼 그리 사는 하루 되겠습니다

주님의 방식으로 살기 원합니다.
주님, 도와주소서.
사랑할 만해서
사랑하지 않겠습니다.
흉해서, 더러워서, 못마땅해서
사랑하겠습니다.

오늘 나의 감사를 적어보세요

_____
_____
_____
_____
_____
_____

오늘 나의 기도를 적어보세요

_____
_____
_____
_____
_____
_____

그의 영광의 풍성함을 따라 그의 성령으로 말미암아 너희 속사람을 능력으로 강건하게
하시오며 에베소서 3:16.

day 26

오늘도 아버지의 때를 신뢰합니다

나의 모든 필요를 채우시는
아버지를 찬양합니다.
더 바라는 것이 있다면
나의 원함일 뿐입니다.
설령 필요라도
아버지의 때가 아님을 믿습니다.

오늘 나의 감사를 적어보세요

_____
_____
_____
_____
_____
_____

오늘 나의 기도를 적어보세요

_____
_____
_____
_____
_____
_____

여호와의 사심을 두고 나의 반석을 찬송하며 내 구원의 반석이신 하나님을 높일지로다
사무엘하 22:47.

day 27

모든 만물에 담긴 기적을 발견하게 하소서

만물이 아버지의 기적을
품고 있음을 찬양합니다.
내가 그 기적의 매개체가 되는
은혜를 갈망합니다.
만나는 모든 사람과
아버지의 기적을 나누게 하소서.

오늘 나의 감사를 적어보세요

___

오늘 나의 기도를 적어보세요

___

보라 내가 새 일을 행하리니 이제 나타낼 것이라…내가 광야에 물을, 사막에 강들을 내어 내 백성, 내가 택한 자에게 마시게 할 것임이라 이사야 43:19-20.

day 28

나의 기대대로 되지 않음을 찬양합니다

기대한 인생은 아니지만
잘 살게 하시니 감사합니다.
주님의 손에 모든 것을 맡겨드립니다.
주님 안에 있는 인생이
고귀한 인생임을 믿습니다.

오늘 나의 감사를 적어보세요

오늘 나의 기도를 적어보세요

사람이 마음으로 자기의 길을 계획할지라도 그의 걸음을 인도하시는 이는 여호와시니라 잠언 16:9.

나는 연약하나 주님은 강하십니다

인자하신 하나님 아버지,
주님의 인자하심으로 오늘도 눈을 뜨게 하시니 감사합니다.
나의 호흡과 나의 사는 모든 순간의 주권이 주님께 있음을 찬양합니다.
모든 것이 주님의 손에 있으니 나는 오늘도 그 믿음으로 하루를 시작합니다.
예수 그리스도의 십자가의 구원으로 오늘 내가 생명을 얻었습니다.
이 모든 생명이 주님께 있음을 찬양합니다.
오늘 나의 사는 것은 예수님을 대신하여 사는 삶임을 믿습니다.
나를 살리신 그 선택을 기뻐하시도록 열심히 살게 하소서.
나를 바라보시며 즐거워하시는 주님을 기억하며 살게 하소서.

오늘도 나의 손을 붙들어주시기 원합니다.
나는 연약합니다. 그러나 주님은 강하십니다.
나의 모든 힘의 근원이 주님이심을 믿고 찬양합니다.
이 손을 붙들고 오늘도 하루를 나아갑니다.
주님의 손으로 만지는 모든 것이 회복되듯 나도 그러하게 하소서.

아버지, 오늘도 내가 아버지의 자녀임에 감사합니다.
나의 존재가 얼마나 소중한지 기억하게 하시고 기뻐하게 하소서.
나의 힘, 나의 반석이 되시는 주님을 사랑합니다.
나의 주 예수 그리스도의 이름으로 기도합니다.
아멘!

day 29

무엇을 하든지 주님의 손안에 있습니다

모든 일 속에서
하나님의 섭리를 발견하게 하소서.
모든 사람 속에서
예수님의 얼굴을 발견하고
주님을 섬기듯 하게 하소서.

오늘 나의 감사를 적어보세요

오늘 나의 기도를 적어보세요

기쁜 마음으로 섬기기를 주께 하듯 하고 사람들에게 하듯 하지 말라 에베소서 6:7.

day 30

나는 연약하나 주님은 강하십니다

오늘도 나의 손을
붙들어주시기 원합니다.
나의 모든 힘의 근원이
주님이심을 믿습니다.
이 손을 붙들고
오늘도 하루를 나아갑니다.

오늘 나의 감사를 적어보세요

오늘 나의 기도를 적어보세요

오직 나는 주의 풍성한 사랑을 힘입어 주의 집에 들어가 주를 경외함으로 성전을 향하여 예배하리이다 시편 5:7.

day 31

신의 사랑을 받는 나는 소중한 존재입니다

주무시지 않고
나를 일으키신 주님, 감사합니다.
한순간도 놓지 않고
바라보시는 주님을 찬양합니다.
신의 사랑을 받는 나는
얼마나 소중한 존재인지요.

오늘 나의 감사를 적어보세요

오늘 나의 기도를 적어보세요

이스라엘을 지키시는 이는 졸지도 아니하시고 주무시지도 아니하시리로다 여호와는 너를 지키시는 이시라 여호와께서 네 오른쪽에서 네 그늘이 되시나니 시편 121:4-5.

day 32

나의 곁에 계시며 나의 뒤에 계신 주님

모든 순간 나를 만족시키시는
주님을 찬양합니다.
바라볼 희망이요,
가능성 되신 아버지를 찬양합니다.
일희일비하지 않고
주님을 바라보게 하소서.

오늘 나의 감사를 적어보세요

오늘 나의 기도를 적어보세요

그가 너를 그의 깃으로 덮으시리니 네가 그의 날개 아래에 피하리로다 그의 진실함은 방패와 손 방패가 되시나니 시편 91:4.

day 33

나의 작은 하루를 주님께 맡깁니다

작은 자를 사용하시는 아버지,
일하여 주소서.
살아가는 작은 순간이
하나님을 가리키는
표지판 되게 하소서.

오늘 나의 감사를 적어보세요

오늘 나의 기도를 적어보세요

이같이 너희 빛이 사람 앞에 비치게 하여 그들로 너희 착한 행실을 보고 하늘에 계신 너희 아버지께 영광을 돌리게 하라 마태복음 5:16.

day 34

가정의 울타리와 하나님의 울타리에 감사합니다

가족이라는 울타리에
나를 담으심을 감사드립니다.
이만큼 컸다고
그동안의 감사를 잊지 말게 하소서.
나의 주 하나님의 울타리도
감사하게 하소서.

오늘 나의 감사를 적어보세요

오늘 나의 기도를 적어보세요

여호와의 말씀이니라 너희를 향한 나의 생각을 내가 아나니 평안이요 재앙이 아니니라 너희에게 미래와 희망을 주는 것이니라 예레미야 29:11.

day 35

아버지께는 어떤 모습도 보일 수 있습니다

주님은 절대 나를
버리시지 않음에 감사합니다.
영원히, 늘 받아들여짐이
얼마나 기쁜 일인지요.
잘 나갈 때나 못 나갈 때나
주님이 힘이십니다.

오늘 나의 감사를 적어보세요

오늘 나의 기도를 적어보세요

사람들이 너를 일컬어 거룩한 백성이라 여호와께서 구속하신 자라 하겠고 또 너를 일컬어 찾은 바 된 자요 버림받지 아니한 성읍이라 하리라 이사야 62:12.

아무리 작은 일도 버릴 것이 없습니다

온전하신 하나님 아버지,
오늘도 아름다운 하루를 시작하게 하심을 감사합니다.
쉴 때의 기쁨을 주시고, 또한 일할 때의 기쁨을 주심에 감사합니다.
나는 온전하지 못하나 주님은 완전하신 분임에 감사합니다.
아버지의 온전하심 앞에 나를 내어 맡깁니다.

오늘 하루도 문득문득 만날 수 있는 모든 어려움을 인해 감사합니다.
갈등은 화해를 위해 나아가는 길임에 감사합니다.
질병은 건강으로 가기 위한 길임에 감사합니다.
절망은 소망으로 가기 위한 과정임에 감사합니다.
주님 안에서 모든 것이 선한 길로 갈 수 있음을 믿습니다.

나의 하루가 주님을 찬양하고 감사하는 것으로 가득차게 하소서.
내가 행하는 이 하루의 모든 일이 의미 있는 일임을 고백합니다.
아무리 작은 일도 버릴 것이 없음을 믿습니다.
그것이 실망이어도 새로운 희망을 발견할 것입니다.
그것이 고난이어도 거룩의 길로 들어설 것을 믿습니다.
그것이 이별이어도 더 좋은 만남을 위한 비움임을 믿습니다.
오늘도 아버지를 사랑하고, 찬양하며, 신뢰합니다.
나의 주 예수 그리스도의 이름으로 기도합니다.
아멘!

day 36

올해 가장 잘한 일이 말씀 읽기가 되게 하소서

오늘도
아버지의 말씀을 사모합니다.
땅의 요동하는 소리에
두려워 말게 하소서.
하늘의 음성에 귀 기울이며
사명을 감당하게 하소서.

오늘 나의 감사를 적어보세요

_____

_____

_____

오늘 나의 기도를 적어보세요

_____

_____

_____

풀은 마르고 꽃은 떨어지되 오직 주의 말씀은 세세토록 있도다 하였으니 너희에게 전한 복음이 곧 이 말씀이니라 베드로전서 1:24-25.

day 37

아무리 작은 일도 버릴 것이 없습니다

갈등은 화해를 위해
나아가는 길임에 감사합니다.
질병은 건강으로 가기 위한
길임에 감사합니다.
절망은 소망으로 가기 위한
과정임에 감사합니다.

오늘 나의 감사를 적어보세요

오늘 나의 기도를 적어보세요

우리가 알거니와 하나님을 사랑하는 자 곧 그의 뜻대로 부르심을 입은 자들에게는 모든 것이 합력하여 선을 이루느니라 **로마서 8:28**.

day 38

내 삶의 모든 필연은 하나님의 지극한 사랑입니다

내가 우연히 생겨난 존재가 아님에
감사합니다.
삶의 중요한 일들이
우연이 아님을 찬양합니다.
하나님이 나를
존재하게 하심에 감사합니다.

오늘 나의 감사를 적어보세요

오늘 나의 기도를 적어보세요

너를 만들고 너를 모태에서부터 지어 낸 너를 도와줄 여호와가 이같이 말하노라 나의 종 야곱, 내가 택한 여수룬아 두려워하지 말라 이사야 44:2.

day 39

나의 것은 하나도 없으니 모두 주님의 것입니다

가장 큰 것부터 작은 것까지
모두 주님께 드립니다.
참 주인이신 아버지께
다 상의하고 아뢰겠습니다.
내가 아니라
그리스도가 사시는 것이 되게 하소서.

오늘 나의 감사를 적어보세요

오늘 나의 기도를 적어보세요

너희는 자유가 있으나 그 자유로 악을 가리는 데 쓰지 말고 오직 하나님의 종과 같이 하라 베드로전서 2:16.

day 40

끝에서도 주님이 시작하게 하시면 '이제' 시작입니다

아버지께로만
새로운 시작이 있습니다.
멈춤과 시작의 모든 기준이
아버지께 있습니다.
나의 살고 죽는 것이
주님 손에 있음을 찬양합니다.

오늘 나의 감사를 적어보세요

오늘 나의 기도를 적어보세요

우리가 항상 예수의 죽음을 몸에 짊어짐은 예수의 생명이 또한 우리 몸에 나타나게 하려 함이라…그런즉 사망은 우리 안에서 역사하고 생명은 너희 안에서 역사하느니라
고린도후서 4:10-12.

day 41

조건 없는 사랑에 조건 없는 믿음을 갖게 하소서

힘들고 어려울 때
위로하시는 주님을 찬양합니다.
잘했지만 힘들 때를
골라 위로하시지 않고,
못했지만 힘들 때도
위로하시는 주님을 찬양합니다.

오늘 나의 감사를 적어보세요

오늘 나의 기도를 적어보세요

우리의 모든 환난 중에서 우리를 위로하사 우리로 하여금 하나님께 받는 위로로써 모든 환난 중에 있는 자들을 능히 위로하게 하시는 이시로다 **고린도후서 1:4.**

day 42

나의 어떤 약함도 아버지 앞에서는 약점이 되지 않습니다

나의 연약함을
무시하지 않으시는 주님,
나의 미련함을
타박하지 않으시는 주님,
나의 실수를 빌미삼지 않으시는
주님을 찬양합니다.

오늘 나의 감사를 적어보세요

오늘 나의 기도를 적어보세요

이와 같이 성령도 우리의 연약함을 도우시나니 우리는 마땅히 기도할 바를 알지 못하나 오직 성령이 말할 수 없는 탄식으로 우리를 위하여 친히 간구하시느니라 로마서 8:26.

나의 어떤 약함도 아버지 앞에서는 약점이 되지 않습니다

사랑의 하나님 아버지,
오늘도 주님의 풍성한 사랑 안에서 눈을 뜨고 일어납니다.
하나님이 동행하실 것이니 더욱 기쁨으로 하루를 시작합니다.
나의 찬양을 받아주소서.

언제나 나의 연약함을 무시하지 않으시는 주님을 찬양합니다.
나의 미련함을 타박하지 않으시는 주님을 사랑합니다.
나의 실수를 빌미삼지 않으시는 주님을 찬양합니다.
나의 어떤 약함도 아버지 앞에서 약점이 되지 않음에 감사합니다.
나의 부족한 모든 것을 채우기 기뻐하시는 주님을 찬양합니다.

오늘 하루도 많은 순간 연약함이 있겠지만 두렵지 않습니다.
그 연약함을 도우시는 아버지가 합력하여 선을 이루시기 때문입니다.
나의 미련함도 상관없는 것은
지혜의 아버지가 깨닫게 하실 것이기 때문입니다.
모든 순간 나의 도움이 되시는 주님을 사랑합니다.
오히려 내가 너를 도울 수 있어 기쁘다 하시는 주님을 사랑합니다.
그래서 나의 있는 모습 그대로를 내가 사랑할 수 있음에 감사합니다.
내게 해줄 것이 있어 기뻐하시는 주님이 나의 아버지이심에 기뻐합니다.
나의 주 예수 그리스도의 이름으로 기도합니다.
아멘!

day 43

내가 오늘 존재함으로 아버지를 기뻐합니다

볼을 스치는 바람이
주님께 영광을 올려드립니다.
가장 존귀한 인간인 나도
주님께 영광을 올립니다.
내가 아버지의 작품임을
선포합니다.

오늘 나의 감사를 적어보세요

오늘 나의 기도를 적어보세요

할렐루야 그의 성소에서 하나님을 찬양하며 그의 권능의 궁창에서 그를 찬양할지어다
시편 150:1.

day 44

제발 오래 살아주기를 바라는 존재 되게 하소서

오늘 살아 있는 것이
누군가에게 덕이 되게 하소서.
살아 있어서 누군가를
살리는 하루 되게 하소서.
제발 오래 살아주기를
바라는 존재 되게 하소서.

오늘 나의 감사를 적어보세요

오늘 나의 기도를 적어보세요

우리는 그가 만드신 바라 그리스도 예수 안에서 선한 일을 위하여 지으심을 받은 자니 이 일은 하나님이 전에 예비하사 우리로 그 가운데서 행하게 하심이니라 에베소서 2:10.

day 45

오늘, 가는 곳마다 아버지를 드러내게 하소서

나로 입을 열어 말하게 하신
주님을 찬양합니다.
생각하고 판단할 머리를 주신
아버지를 찬양합니다.
손으로 누군가를 섬기게 하신
주님을 찬양합니다.

오늘 나의 감사를 적어보세요

_____
_____
_____

오늘 나의 기도를 적어보세요

_____
_____
_____

모든 것이 하나님께로서 났으며 그가 그리스도로 말미암아 우리를 자기와 화목하게 하시고 또 우리에게 화목하게 하는 직분을 주셨으니 고린도후서 5:18.

day 46

딱 오늘만큼의 짐조차도 주님께 내어드립니다

딱 오늘만큼만의 걱정을
가볍게 들고
내 멍에는 쉽고
내 짐은 가볍다 하신
예수님을 따라갑니다.

오늘 나의 감사를 적어보세요
_____
_____
_____

오늘 나의 기도를 적어보세요
_____
_____
_____

이는 내 멍에는 쉽고 내 짐은 가벼움이라 하시니라 마태복음 11:30.

day 47

나는 오늘도 아버지를 갈망합니다

오늘도 가는 곳마다
주님을 경배하기 원합니다.
부르신 그곳이
내가 아버지를 만나는 곳입니다.
하나님만이 나의
모든 것이심을 고백합니다.

오늘 나의 감사를 적어보세요

오늘 나의 기도를 적어보세요

주께서 심지가 견고한 자를 평강하고 평강하도록 지키시리니 이는 그가 주를 신뢰함이 니이다 이사야 26:3.

day 48

오늘 마음껏 일하여 주소서

주님을 향한 믿음이
나를 살림을 고백합니다.
모든 순간 임하소서.
주의 이름만 드러나게 하소서.
주님이 기뻐하시는
하루 되게 하소서.

오늘 나의 감사를 적어보세요

_____
_____
_____
_____
_____
_____

오늘 나의 기도를 적어보세요

_____
_____
_____
_____
_____
_____

너의 행사를 여호와께 맡기라 그리하면 네가 경영하는 것이 이루어지리라 **잠언 16:3.**

day 49

나의 분량을 조절하는 믿음을 선택하게 하소서

오늘의 분량만큼 일하고,
감사하며, 예배합니다.
빨리 가고자 한다고
빨리 가지는 것이 아닙니다.
천천히 가려 해도
하나님이 미시면 빨라집니다.

오늘 나의 감사를 적어보세요

오늘 나의 기도를 적어보세요

그리스도 예수의 사람들은 육체와 함께 그 정욕과 탐심을 십자가에 못 박았느니라
갈라디아서 5:24.

하나님이 바라고 원하시는 하루가 되게 하소서

하나님 아버지, 오늘도 새날을 주신 은혜를 감사합니다.
어제의 모든 은혜가 부족함이 없었으니 주님을 찬양합니다.
이제까지 내가 지은 모든 죄를 예수 그리스도의 보혈로 사하여 주소서.
그리고 정결한 영혼으로 이 아침을 영광 올려드리며 시작하게 하소서.

오늘 하루를 어떻게 살아야 할지 지혜를 구합니다.
내가 바라고 원하는 하루가 아니라
아버지가 바라고 원하시는 하루가 되게 하소서.
나의 뜻을 구하는 것이 아니라 아버지의 뜻을 구합니다.
오늘 행하는 모든 것이 주님의 은혜 가운데 이루어지게 하소서.
내가 서 있는 곳에서 아버지를 찬양하는 하루를 보내게 하소서.

오늘도 만나는 사람들을 축복하게 하소서.
나와 관련이 있든 없든 스쳐지나가는 모든 사람이 주님을 알도록 기도합니다.
하나님의 은혜 없이 사는 사람들을 불쌍히 여기며 기도하겠습니다.
인생의 어느 순간이든 아버지를 만나는 은혜를 그들에게 허락하소서.
아버지의 긍휼을 따라 오늘도 긍휼을 베푸는 자 되기 원합니다.
이기적인 눈이 아니라 아버지의 눈으로 사람들을 바라보게 하소서.
그리고 그들을 지극히 사랑하여 품어 안을 수 있는 마음을 허락하소서.
나의 주 예수 그리스도의 이름으로 기도합니다.
아멘!

day 50

나의 한 발, 한 발마다 임재하여 주소서

나의 두 손에
주님의 손을 잡아주소서.
가는 곳마다 하나님의 시선이
머물게 하소서.
아버지의 일하심이 나의 일함과
일치하게 하소서.

오늘 나의 감사를 적어보세요

오늘 나의 기도를 적어보세요

우리의 눈이 여호와 우리 하나님을 바라보며 우리에게 은혜 베풀어 주시기를 기다리나이다 시편 123:2.

day 51

원망했던 입술로 찬양하게 하소서

주님이 아니면
한순간도
살아남지 못했을 것입니다.
나의 나 됨의 모든 것은
하나님의 은혜임을
고백합니다.

오늘 나의 감사를 적어보세요

오늘 나의 기도를 적어보세요

우리가 잠시 받는 환난의 경한 것이 지극히 크고 영원한 영광의 중한 것을 우리에게 이루게 함이니 고린도후서 4:17.

day 52

아버지를 많이 닮게 하소서

하나님은 나를 바라보며
기뻐하시는 것을 믿습니다.
연약함과 죄성에도
사랑하시는 아버지, 감사합니다.
말과 행동이
아버지를 많이 닮도록
도와주소서.

오늘 나의 감사를 적어보세요

오늘 나의 기도를 적어보세요

예수 그리스도는 어제나 오늘이나 영원토록 동일하시니라 히브리서 13:8.

day 53

하나님의 눈으로 바라보는 하루 되게 하소서

하나님이 선물로 허락하신
모든 것을 인해 감사합니다.
나의 눈에는 약점이어도
하나님의 눈에 강점이라면
그것으로 감사합니다.

오늘 나의 감사를 적어보세요

오늘 나의 기도를 적어보세요

그러므로 우리는 예수로 말미암아 항상 찬송의 제사를 하나님께 드리자 이는 그 이름을 증언하는 입술의 열매니라 히브리서 13:15.

day 54

높고 크고 멀리 바라보시는 하나님을 믿습니다

내가 기대했던 것이 아니어도
기뻐하겠습니다.
내가 원했던 것이라면
더 뛸 듯이 기뻐하겠습니다.
하나님의 생각은
나의 생각과 다름을 믿습니다.

오늘 나의 감사를 적어보세요

오늘 나의 기도를 적어보세요

이는 하늘이 땅보다 높음같이 내 길은 너희의 길보다 높으며 내 생각은 너희의 생각보다 높음이니라 이사야 55:9.

day 55

하나님이 주신 모든 것은 버릴 것이 없습니다

아픔도 감사하고,
피로도 감사합니다.
주님이 주신 몸을
소중히 여기라는 음성입니다.
이제 삶의 균형을 갖게 하소서.

오늘 나의 감사를 적어보세요

오늘 나의 기도를 적어보세요

너희는 너희가 하나님의 성전인 것과 하나님의 성령이 너희 안에 계시는 것을 알지 못하느냐…하나님의 성전은 거룩하니 너희도 그러하니라 고린도전서 3:16-17.

day 56

하나님이 바라고 원하시는 하루가 되게 하소서

오늘 하루를 어떻게 살아야 할지
지혜를 구합니다.
나의 뜻이 아니라
아버지의 뜻을 구합니다.
모든 것이 주님의 은혜 가운데
이루어지게 하소서.

오늘 나의 감사를 적어보세요

오늘 나의 기도를 적어보세요

하나님의 뜻은 이것이니 너희의 거룩함이라 데살로니가전서 4:3.

오늘도 소풍 같은 하루 되게 하소서

사랑의 하나님 아버지,
나의 모든 부족함을 채우시고 매일을 살게 하심을 감사합니다.
내가 잘나서 하루를 잘 보내는 것이 아니라,
아버지의 온전하심으로 내가 하루를 보냄을 고백합니다.
오늘도 그 주님의 온전하심 앞에 나를 맡겨드립니다.

오늘도 인생의 여정 가운데 소풍 같은 하루 되게 하소서.
하나님과 손잡고 가는 길이 때로는 좋고, 때로는 어려워도
내가 잡은 이 손 때문에 평안을 누리고 감사하게 하소서.
주님이 오라시면 가야 하는 인생길에서 주어진 시간에 충실하게 하소서.

내가 나의 시간을 더 연장할 수도 없고,
얼마나 시간이 남았는지도 알 수 없습니다.
그래서 오늘 나의 세월을 더 아껴 주님을 사랑해야 함을 믿습니다.
오늘도 해야 하는 모든 일을 주님의 마음으로 하기 원합니다.
오늘 만나는 모든 사람을 주님의 마음으로 사랑하겠습니다.
모든 연약함을 덮으시는 주님의 능력으로 오늘을 지켜주소서.
이 하루도 높으신 하나님을 찬양합니다.
이 세상을 만드시고, 다스리시고, 함께하시는 주님을 높여드립니다.
나의 주 예수 그리스도의 이름으로 기도합니다.
아멘!

day 57

오늘도 소풍 같은 하루 되게 하소서

때로는 좋고,
때로는 어려워도
내가 잡은 하나님 손 때문에
평안하게 하소서.
나의 세월을 더 아껴
주님을 사랑하게 하소서.

오늘 나의 감사를 적어보세요

오늘 나의 기도를 적어보세요

세월을 아끼라 때가 악하니라 에베소서 5:16.

day 58

이 땅에 평화를 주소서

이 나라를 선물로 주신
아버지, 감사합니다.
때로 불만스럽고,
고통스럽고, 부끄럽기도 하지만
긴 시간 견디며 일군
이 땅을 주심에 감사합니다.

오늘 나의 감사를 적어보세요

오늘 나의 기도를 적어보세요

내 이름으로 일컫는 내 백성이 그들의 악한 길에서 떠나 스스로 낮추고 기도하여 내 얼굴을 찾으면 내가 하늘에서 듣고 그들의 죄를 사하고 그들의 땅을 고칠지라 역대하 7:14.

day 59

이 나라를 축복해주소서

하나님의 자녀가
얼마나 나라를 위해
기도만이 아니라 행함으로
애썼는지 알게 하소서.
나만 위했던 나의 모습을
회개하게 하소서.

오늘 나의 감사를 적어보세요

-
-
-

오늘 나의 기도를 적어보세요

-
-
-

이스라엘이여 너는 행복한 사람이로다…그는 너를 돕는 방패시요 네 영광의 칼이시로다 네 대적이 네게 복종하리니 네가 그들의 높은 곳을 밟으리로다 신명기 33:29.

day 60

다시 오실 주님을 기다리며 하루를 살겠습니다

언제나 다시 오실
주님을 기다리며
오늘 주어진 삶 앞에
부끄러움이 없게 하소서.
나만을 위해 소진하는
하루가 되지 말게 하소서.

오늘 나의 감사를 적어보세요

_____
_____
_____
_____

오늘 나의 기도를 적어보세요

_____
_____
_____
_____

나의 사랑하는 자가 내게 말하여 이르기를 나의 사랑, 내 어여쁜 자야 일어나서 함께 가자 아가 2:10.

day 61

말씀이 그대로 나의 삶이 되게 하겠습니다

무화과나무 잎이 말라도
주님을 찬양합니다.
실제로 나의 삶에서
월급을 받지 못하고,
인정을 받지 못해도
하나님을 찬양하게 하소서.

오늘 나의 감사를 적어보세요

_____
_____
_____
_____
_____
_____

오늘 나의 기도를 적어보세요

_____
_____
_____
_____
_____
_____

나의 하나님이여…내가 정직한 마음으로 이 모든 것을 즐거이 드렸사오며 이제 내가 또 여기 있는 주의 백성이 주께 자원하여 드리는 것을 보오니 심히 기쁘도소이다 **역대상 29:17.**

day 62

나는 약점투성이라 주님이 필요합니다

나의 강점이 아닌 약점이
아버지를 빛나게 하소서.
나의 약점에 하나님이
가장 강하게 일하여 주소서.
그래서 오늘도 빈손으로
아버지를 구합니다.

오늘 나의 감사를 적어보세요

오늘 나의 기도를 적어보세요

내 은혜가 네게 족하도다 이는 내 능력이 약한 데서 온전하여짐이라 하신지라 그러므로 도리어 크게 기뻐함으로 나의 여러 약한 것들에 대하여 자랑하리니 고린도후서 12:9.

day 63

주기 위해 기도하는 날 되게 하소서

나그네 되었을 때
주님이 나를 맞아주셨던 것처럼
섬기기 위해
손 내미는 날 되게 하소서.
사랑하기 위해
안아주는 날 되게 하소서.

오늘 나의 감사를 적어보세요

_____
_____
_____

오늘 나의 기도를 적어보세요

_____
_____
_____

내가 주릴 때에 너희가 먹을 것을 주었고…헐벗었을 때에 옷을 입혔고 병들었을 때에 돌보았고 옥에 갇혔을 때에 와서 보았느니라 **마태복음 25:35-36.**

나는 약점투성이라 주님이 필요합니다

사랑의 하나님 아버지,
약한 자를 존중하시며 버려진 자를 찾으시는 아버지의 사랑을 찬양합니다.
언제나 내가 예상하지 못한 곳에서 일하시는 주님께 감사를 드립니다.
오늘도 나의 예상을 넘어서는 하나님의 일하심을 구합니다.
나의 강점이 아닌 약점이 아버지를 빛나게 하소서.
나의 약점에 하나님이 가장 강하게 일하여 주소서.

그래서 오늘도 주님을 구합니다. 나는 오늘 아버지가 필요합니다.
나는 오늘 약점투성이라 주님이 필요합니다.
약점이 있어서 주님이 온전히 임하신다면 나는 나의 약점을 기뻐할 것입니다.
무엇이든 주님과 가까이할 수 있는 것이라면 그것이 가장 좋은 선물입니다.
그래서 때로는 고난이 선물이고, 약점이 선물이고, 상처가 선물입니다.
그래서 모든 순간에 주님을 찬양할 수 있습니다.
모든 순간을 가장 빛난 것으로 만드시는 주님을 찬양합니다.

오늘도 임하소서. 오늘도 동행하소서.
아버지의 동행을 막는 나의 모든 잘난 척과 교만과 자랑과 이기심을 버립니다.
빈손으로 아버지를 구합니다.
나의 모든 것이 되시는 예수 그리스도의 이름으로 기도합니다.
아멘!

day 64

당연한 것들을 주신 아버지, 감사합니다

숨쉬는 것을 당연히 여겼으나
은혜였습니다.
산책할 수 있음을 당연히 여겼으나
은혜였습니다.
이미 누리고 있는 당연한 것들에
감사하겠습니다.

오늘 나의 감사를 적어보세요

오늘 나의 기도를 적어보세요

내게 주신 모든 은혜를 내가 여호와께 무엇으로 보답할까 시편 116:12.

day 65

은혜의 기억력을 회복하게 하소서

언제나 하나님은 기적같이
나를 인도하셨습니다.
내가 살아 있는 증인이면서
또 다른 증거를 달라
떼 부리지 말게 하소서.

오늘 나의 감사를 적어보세요

오늘 나의 기도를 적어보세요

그의 기적을 사람이 기억하게 하셨으니 여호와는 은혜로우시고 자비로우시도다 시편 111:4.

day 66

전진 있는 하루가 될 줄 믿습니다

쳇바퀴 돌 듯
아주 똑같은 일상을 살지만
나선형 계단을 올라가는 것처럼
전진이 있는
하루가 될 줄 믿고
선포합니다.

오늘 나의 감사를 적어보세요

■ _____

■ _____

■ _____

오늘 나의 기도를 적어보세요

■ _____

■ _____

■ _____

이 모든 일에 전심전력하여 너의 성숙함을 모든 사람에게 나타나게 하라 **디모데전서 4:15.**

day 67

어디든 어려운 사람이 있다는 것을 기억하게 하소서

병상 가운데 있는 사람들을
불쌍히 여겨주소서.
눈물의 기도로 곁을 지키는
가족에게 힘을 주소서.
주님의 긍휼이
힘겨운 사람들에게 넘치게 하소서.

오늘 나의 감사를 적어보세요

오늘 나의 기도를 적어보세요

그러므로 너희 죄를 서로 고백하며 병이 낫기를 위하여 서로 기도하라 의인의 간구는 역사하는 힘이 크니라 야고보서 5:16.

day 68

이제 아버지의 것을 아버지께 돌려드립니다

제일 힘든 척,
수고한 척하는 것은 나입니다.
영광은 취하고,
책임은 전가하는 것도 나입니다.
이런 나를 여전히 사랑하시는
주님을 찬양합니다.

오늘 나의 감사를 적어보세요

오늘 나의 기도를 적어보세요

나의 힘이신 여호와여 내가 주를 사랑하나이다 시편 18:1.

day 69

하나님 사랑의 마음으로 세상을 다시 보게 하소서

고통당하는
모든 사람을 위해 기도합니다.
내가 편하다고 모두 편하다
여기지 말게 하시고
어려운 사람들에게
관심 가지는 하루 되게 하소서.

오늘 나의 감사를 적어보세요

오늘 나의 기도를 적어보세요

너희도 함께 갇힌 것같이 갇힌 자를 생각하고 너희도 몸을 가졌은즉 학대받는 자를 생각하라 히브리서 13:3.

day 70

오늘도 주님의 은혜 안에 잠기기 원합니다

예수님처럼
생각하고 말하게 하소서.
모든 이에게
소망을 말하게 하소서.
언제나 겸손하게 하시고,
언제나 따뜻하게 하소서.

오늘 나의 감사를 적어보세요

오늘 나의 기도를 적어보세요

너희 안에 이 마음을 품으라 곧 그리스도 예수의 마음이니 그는 근본 하나님의 본체시나 하나님과 동등됨을 취할 것으로 여기지 아니하시고 오히려 자기를 비워 종의 형체를 가지사 사람들과 같이 되셨고 빌립보서 2:5-7.

이제 아버지의 것을 아버지께 돌려드립니다

나의 힘이 되시는 하나님 아버지,
하늘의 아버지가 나의 아버지이심을 찬양하며 하루를 시작합니다.
이렇게 보잘것없는 죄인을 위하여 큰 사랑을 베풀어주심에 감사합니다.
오늘도 그 사랑에 감동하며 이 하루를 시작합니다.
인간의 언어로 주님을 찬양하는 것이 너무 부족합니다.
그럼에도 불구하고 이 미천한 언어로 주님을 찬양합니다.

자녀 삼아주신 그 사랑에 감사합니다.
십자가의 은혜로 오늘을 살게 하시니 감사합니다.
오늘도 내가 사는 것은 절대로 나의 힘이 아님을 고백합니다.

그런데 제일 힘든 척하는 것은 나이고,
제일 수고한 척하는 것도 나입니다.
잘한 것의 모든 영광을 취하는 것도 나이고,
못한 것의 모든 책임을 남에게 돌리는 것도 나입니다.
이런 나를 언제나 여전히 사랑하시는 주님을 찬양합니다.
이제 아버지의 것을 아버지께 돌려드립니다.
모든 영광과 존귀와 능력은 바로 아버지의 것입니다.
나는 오늘 온전히 그것을 찬양하며 하루를 살겠습니다.
나의 힘이 되시는 예수 그리스도의 이름으로 기도합니다.
아멘!

day 71

매 순간 주님과 발을 맞춰 걷게 하소서

의식하는 순간이든
의식하지 못하는 순간이든
주님은 나의 곁에, 뒤에, 앞에,
모든 곳에 계십니다.
무엇이든 주님을
앞서가지 말게 하소서.

오늘 나의 감사를 적어보세요

오늘 나의 기도를 적어보세요

여호와께서 그들 앞에서 가시며 낮에는 구름 기둥으로 그들의 길을 인도하시고 밤에는 불 기둥을 그들에게 비추사 낮이나 밤이나 진행하게 하시니 낮에는 구름 기둥, 밤에는 불 기둥이 백성 앞에서 떠나지 아니하니라 출애굽기 13:21-22.

day 72

죄로부터 자유하여 주님께로 달려가게 하소서

스스로 나를 자유하게
할 수 없음을 고백합니다.
죄로 달려가려는 본능을
깨뜨려주소서.
세상 풍조가 아닌
주님 방식으로 살게 하소서.

오늘 나의 감사를 적어보세요

오늘 나의 기도를 적어보세요

너희는 이 세대를 본받지 말고 오직 마음을 새롭게 함으로 변화를 받아 하나님의 선하시고 기뻐하시고 온전하신 뜻이 무엇인지 분별하도록 하라 로마서 12:2.

day **73**

선물로 주신 하루를 다시 주님께 선물로 드리게 하소서

오늘도 조금 더
공의롭게 행하게 하소서.
오늘도 조금 더
사랑으로 행하게 하소서.
어제보다 조금 더
복음을 전하는 자 되게 하소서.

오늘 나의 감사를 적어보세요

_____

_____

_____

오늘 나의 기도를 적어보세요

_____

_____

_____

공의와 정의를 행하는 것은 제사드리는 것보다 여호와께서 기쁘게 여기시느니라 **잠언 21:3.**

day 74

아버지, 오늘도 기대합니다

오늘 나에게 필요한
영적인 은혜를 허락하소서.
아버지를 더욱 갈망하고
뜨겁게 사랑하기 원합니다.
오늘의 기대가 기도가 되고
역사가 되게 하소서.

오늘 나의 감사를 적어보세요

오늘 나의 기도를 적어보세요

하나님이여 주는 나의 하나님이시라 내가 간절히 주를 찾되 물이 없어 마르고 황폐한 땅에서 내 영혼이 주를 갈망하며 내 육체가 주를 앙모하나이다 시편 63:1.

day 75

약한 자를 부르신 하나님, 감사합니다

약함이 주의 일에 장애가
되지 않음에 감사합니다.
나의 부족함이 하나님을
무력하게 만들지 않습니다.
그래서 언제나 주님께
당당히 나갈 수 있습니다.

오늘 나의 감사를 적어보세요

오늘 나의 기도를 적어보세요

여호와의 사자가 기드온에게 나타나 이르되 큰 용사여 여호와께서 너와 함께 계시도다 하매 사사기 6:12.

day 76

이미 숨겨진 수많은 축복을 인하여 찬양을 드립니다

불편한 상황에 담긴
보물을 발견하게 하소서.
비록 발견하지 못한다 하더라도
이미 숨겨진 수많은
축복을 인하여
감사합니다.

오늘 나의 감사를 적어보세요

오늘 나의 기도를 적어보세요

내가 보는 것은 사람과 같지 아니하니 사람은 외모를 보거니와 나 여호와는 중심을 보느니라 사무엘상 16:7.

day 77

오늘도 나에게 하나님의 상식으로 일하여 주소서

나의 판단을 넘어서는
하나님의 일하심을 믿습니다.
고정관념을 벗어나는
하나님의 크심을 찬양합니다.
나의 상식이 아니라
하나님의 상식으로 일하소서.

오늘 나의 감사를 적어보세요

오늘 나의 기도를 적어보세요

여호와는 위대하시니 크게 찬양할 것이라 그의 위대하심을 측량하지 못하리로다
시편 145:3.

선물로 주신 하루를 다시 주님께 선물로 드리게 하소서

언제나 나를 지켜보시는 높으신 하나님 아버지를 찬양합니다.
이 아침에 아직 죄로 오염되지 않은 하루를 품에 안고 기도합니다.
주님 안에서 더 정결한 하루를 살게 하소서.
나에게 선물로 허락하신 이 하루를 다시 주님 앞에 선물로 드리게 하소서.
언제나 우리와 함께하시는 주님을 찬양합니다.

이 땅의 모든 혼돈과 아픔을 주님께 올려드립니다.
가장 어둡고 혼돈 가운데 있을 때 빛을 허락하신 주님의 능력을 믿습니다.
이곳에도 주님의 빛이 필요합니다.
오늘도 이 땅을 새롭게 하시고 아버지의 공의와 일하심이 가득하게 하소서.

내가 오늘 하나님의 늘어난 손이 되어
이 땅에서 하나님을 보여주는 자 되게 하소서.
가장 작은 것이라도 내가 먼저 실행하고 노력하는 사람 되게 하소서.
오늘 나의 기도와 찬양과 삶이 하나님을 빛나게 하소서.
오늘도 조금 더 공의롭게 행하게 하소서.
오늘도 조금 더 사랑으로 행하게 하소서.
오늘 어제보다 조금 더 복음을 전하는 자 되게 하소서.
오늘이 더 주님을 사랑하는 하루 되기를 소망합니다.
나의 주 예수 그리스도의 이름으로 기도합니다.
아멘!

day 78

주님의 선하심에 모든 문제를 올려드립니다

온 우주를 다스리시는
주님을 찬양합니다.
그 주님이 작고 작은
나를 주목하시니 감사합니다.
작은 존재에 담긴 수많은 일을
주께 올려드립니다.

오늘 나의 감사를 적어보세요

오늘 나의 기도를 적어보세요

주 여호와여…천지간에 어떤 신이 능히 주께서 행하신 일 곧 주의 큰 능력으로 행하신 일같이 행할 수 있으리이까 신명기 3:24.

day 79

모든 적절한 것을 허락하신 주님을 찬양합니다

모두 가져야 행복이라는 생각을
버리게 하소서.
나에게 주어지지 않은 것을 인하여
감사합니다.
하마터면 큰일 날 일들을
막아주심에 감사합니다.

오늘 나의 감사를 적어보세요
___
___
___
___
___
___
___
___
___

오늘 나의 기도를 적어보세요
___
___
___
___
___
___
___
___
___

내가 궁핍하므로 말하는 것이 아니니라 어떠한 형편에든지 나는 자족하기를 배웠노니
빌립보서 4:11.

day 80

이제 하나님의 시간을 믿고 따릅니다

실수가 없으신
아버지의 계획을 믿습니다.
나에게 주셔야 할 때를
가장 정확히 아시는 분이
아버지이심을 믿습니다.

오늘 나의 감사를 적어보세요

▪
▪
▪

오늘 나의 기도를 적어보세요

▪
▪
▪

오늘 있다가 내일 아궁이에 던져지는 들풀도 하나님이 이렇게 입히시거든 하물며 너희일까 보냐 믿음이 작은 자들아 마태복음 6:30.

day 81

하나님의 말씀을 갈망하고 탐하게 하소서

하나님의 언어를 갈망하고
소유하게 하소서.
허탄한 인간의 천 마디보다
하나님의 말씀 한 마디가
기적을 일으킵니다.

오늘 나의 감사를 적어보세요

오늘 나의 기도를 적어보세요

대저 하나님의 모든 말씀은 능하지 못하심이 없느니라 누가복음 1:37.

day 82

하나님과 함께 나는 매일 전진합니다

하나님의 한 날이
나의 천 날보다 낫다면
오늘 내가 하나님과의
한 날을 보내기 원합니다.
인생에서 가장 의미 있는 날
되게 하소서.

오늘 나의 감사를 적어보세요

_____
_____
_____
_____

오늘 나의 기도를 적어보세요

_____
_____
_____

주의 궁정에서의 한 날이 다른 곳에서의 천 날보다 나은즉 악인의 장막에 사는 것보다
내 하나님의 성전 문지기로 있는 것이 좋사오니 시편 84:10.

day 83

아버지의 언어가 오늘 나를 사로잡게 하소서

입술을 통과하는 모든 말이
아름답게 하소서.
아버지의 한마디가
나와 죽어가는 자를 살립니다.
그 언어를 닮아
능력과 사랑의 언어를 하게 하소서.

오늘 나의 감사를 적어보세요

오늘 나의 기도를 적어보세요

여호와여 내 입에 파수꾼을 세우시고 내 입술의 문을 지키소서 시편 141:3.

day 84

나를 통해 아버지의 뜻이 이루어지게 하소서

이 땅 가운데
하나님의 임재가 있기를 기도합니다.
여기에 내가 일조하는
하루 되게 하소서.
구원의 소망이 인내로,
사랑으로 드러나게 하소서.

오늘 나의 감사를 적어보세요

오늘 나의 기도를 적어보세요

항상 기뻐하라 쉬지 말고 기도하라 범사에 감사하라 이것이 그리스도 예수 안에서 너희를 향하신 하나님의 뜻이니라 데살로니가전서 5:16-18.

주님의 선하심에 모든 문제를 올려드립니다

오늘도 나를 돌보시고 일으키시는 아버지, 감사합니다.
하나님의 크심을 높여 찬양합니다.
온 우주를 다스리시며 모든 것을 움직이시는 주님을 찬양합니다.
그 주님이 오늘 이 작고 작은 나를 주목하시니 감사합니다.
그 아버지로 인하여 오늘도 새 힘과 능력을 얻습니다.

아버지여, 이 작은 존재에 담긴 수많은 일을 주님 앞에 올려드립니다.
이 일들이 아버지께 얼마나 작은 일인지 압니다.
그러나 이 작은 나에게 그 문제들이 얼마나 큰 일인지
이해하여 주시길 소망합니다. 그리고 그 일들을 올려드립니다.
오늘도 아버지의 선하신 뜻을 따라 인도함 받을 것을 믿습니다.
그리고 먼저 찬양드립니다.

하나님은 선하시고 아름다운 분이시며 내가 보지 못하는 것을 보십니다.
그래서 오늘 내 코앞에 보이는 이 일로 놀라지 말게 하시고
아버지의 안목으로 멀리 바라볼 수 있게 하소서.
주님의 선하심에 모든 문제를 올려드립니다.
주님의 손으로 만지시고 고쳐주소서.
나의 작음을 한탄하지 않으며 주님의 크심을 찬양합니다.
나의 주 예수 그리스도의 이름으로 기도합니다.
아멘!

day 85

주님께 이 하루의 주권을 올려드립니다

오늘은 내가 무엇 하기
원하십니까?
오늘의 우선순위는
무엇입니까?
일하시고 역사하소서.

오늘 나의 감사를 적어보세요

오늘 나의 기도를 적어보세요

그런즉 너희는 먼저 그의 나라와 그의 의를 구하라 그리하면 이 모든 것을 너희에게 더하시리라 마태복음 6:33.

day 86

무엇보다 주님을 먼저 찬양합니다

오늘도 신실하신 주님을
기대합니다.
주님은 나를 만드셨고,
이끄시고, 지키십니다.
주님이 중요하다 여기시는 것을
알게 하소서.

오늘 나의 감사를 적어보세요

_____
_____
_____

오늘 나의 기도를 적어보세요

_____
_____
_____

그런즉 너희가 어떻게 행할지를 자세히 주의하여 지혜 없는 자같이 하지 말고 오직 지혜 있는 자같이 하여 에베소서 5:15.

day 87

예수 그리스도의 능력으로 하루를 시작합니다

주의 자녀답게 살기 위한
모든 가능성을 선포합니다.
기운 없는 모습을 벗고
주님으로 힘을 얻습니다.
모든 피로를 물리치고
다시 새 능력을 입습니다.

오늘 나의 감사를 적어보세요

오늘 나의 기도를 적어보세요

영원하신 하나님 여호와, 땅 끝까지 창조하신 이는 피곤하지 않으시며 곤비하지 않으시며 명철이 한이 없으시며 피곤한 자에게는 능력을 주시며 무능한 자에게는 힘을 더하시나니 이사야 40:28-29.

day 88

나도 그리 살겠습니다

고통당하는 많은 사람을
불쌍히 여기사 회복하소서.
병든 자들의 병상에
함께하시고,
가난한 자들의 아픔에
함께하소서.

오늘 나의 감사를 적어보세요

오늘 나의 기도를 적어보세요

모세에게 이르시되 내가 긍휼히 여길 자를 긍휼히 여기고 불쌍히 여길 자를 불쌍히 여기리라 하셨으니 **로마서 9:15.**

day 89

누군가에게 기쁨을 보이는 하루 되게 하소서

오늘 누군가가 나를 보며
당신은 왜 그리 기뻐하냐고
묻는 사람 되게 하소서.
하나님을 사랑해서
이리 기쁘다 말하게 하소서.

오늘 나의 감사를 적어보세요

오늘 나의 기도를 적어보세요

내 영혼아 여호와를 송축하며 그의 모든 은택을 잊지 말지어다 시편 103:2.

day 90

나의 모든 빈자리를 채우시는 아버지를 찬양합니다

마음의 빈자리,
물질의 빈자리를 주가 채우십니다.
일의 빈자리,
사랑의 빈자리도 주가 채우십니다.
나의 느낌을 믿지 말고
주의 사랑을 믿게 하소서.

오늘 나의 감사를 적어보세요

오늘 나의 기도를 적어보세요

눈물을 흘리며 씨를 뿌리는 자는 기쁨으로 거두리로다 시편 126:5.

day 91

어려움을 당한 자에게 손 내밀어 그 손 붙잡게 하소서

입술로 위로하게 하시고,
손으로 안아주게 하소서.
강한 하나님의 힘을 구하며
중보하고 기도합니다.
오늘 더욱 고난당한 자들과
함께하소서.

오늘 나의 감사를 적어보세요

오늘 나의 기도를 적어보세요

고아와 과부를 위하여 정의를 행하시며 나그네를 사랑하여 그에게 떡과 옷을 주시나니
신명기 10:18.

이제 하나님의 시간을 믿고 따릅니다

우리의 모든 시간을 주관하시는 아버지, 감사합니다.
오늘도 우리에게 하루라는 시간을 주심에 감사합니다.
괴로운 시간은 너무 더디 가고, 즐거운 시간은 빨리 가는 것처럼 느껴집니다.
나의 느낌과 상관없이 모든 시간은 하나님께 속해 있음을 믿습니다.
느낌을 버리고 온전하신 주님께 나의 시간을 올려드립니다.

하나님의 일하시는 시간을 믿습니다.
나의 모든 불평과 불만은 내가 원하는 것을 빨리 얻지 못함에서 옴을 회개합니다.
나의 성급함이 늘 불평을 만들었습니다.
내 시간에 맞춰주시지 않는 하나님을 향해 섭섭함을 가진 것을 회개합니다.
시간의 주관자이신 아버지를 신뢰하지 못함입니다.

이제 하나님의 시간을 믿고 따릅니다.
실수가 없으신 아버지의 계획을 믿습니다.
나에게 주셔야 할 때를 가장 정확하게 아시는 분이 아버지이심을 믿습니다.
가장 좋은 것을 가장 빨리 주고 싶어 하시는 분도 아버지이심을 믿습니다.
마치 하나님이 나를 사랑하시지 않아서 안 주시는 것처럼 여기지 말게 하소서.
하나님을 먼저 신뢰하게 하소서.
아버지가 바로 나를 사랑하심을 먼저 믿게 하소서.
나의 주 예수 그리스도의 이름으로 기도합니다.
아멘!

day 92

아버지의 힘을 의지하여 오늘을 삽니다.

사탄이 주는
예측할 수 없는 시험 앞에
아버지이신 주님이 계셔서
담대할 수 있습니다.
아버지의 힘을 의지하여
오늘을 삽니다.

오늘 나의 감사를 적어보세요

오늘 나의 기도를 적어보세요

여호와 우리 하나님이시여 주 외에 다른 주들이 우리를 관할하였사오나 우리는 주만 의지하고 주의 이름을 부르리이다 이사야 26:13.

day 93

내 짐만 무겁다 생각하지 않게 하소서

병상에서, 회사에서,
학교에서, 가정에서
각자 일상을 살아갈 때
짐이 무겁지 않게 하소서.
주님이 함께 달려주심을
언제나 믿게 하소서.

오늘 나의 감사를 적어보세요

오늘 나의 기도를 적어보세요

이러므로 우리에게 구름같이 둘러싼 허다한 증인들이 있으니 모든 무거운 것과 얽매이기 쉬운 죄를 벗어 버리고 인내로써 우리 앞에 당한 경주를 하며 히브리서 12:1.

day 94

나의 작은 재료로 이 땅을 비추기 원합니다

겨자씨에 큰 나무를 숨겨놓으신
섭리를 찬양합니다.
나를 작다 여기지 않고
주님께 다 드리게 하소서.
부끄러움을 무릅쓰고
내어놓는 것이 믿음입니다.

오늘 나의 감사를 적어보세요

오늘 나의 기도를 적어보세요

마치 사람이 자기 채소밭에 갖다 심은 겨자씨 한 알 같으니 자라 나무가 되어 공중의 새들이 그 가지에 깃들였느니라 누가복음 13:19.

day 95

오늘 나에게 주신 분깃대로 행하겠습니다

내가 실망할 필요가 없음은
능력이 내게 없음입니다.
먼 미래를 바라보느라
오늘 좌절하지 말게 하소서.
분량만큼 분수를 지키겠습니다.
나와 함께하소서.

오늘 나의 감사를 적어보세요

오늘 나의 기도를 적어보세요

여호와께서 집을 세우지 아니하시면 세우는 자의 수고가 헛되며 여호와께서 성을 지키지 아니하시면 파수꾼의 깨어 있음이 헛되도다 시편 127:1.

day 96

하나님이 임재하시는 이 세상에 감사합니다

하나님이 없는 곳이 없으니
감사합니다.
모든 것의 가장 작은 것에도,
어마어마하게 큰 것들에도
임재하시니 감사합니다.

오늘 나의 감사를 적어보세요

오늘 나의 기도를 적어보세요

내가 새벽 날개를 치며 바다 끝에 가서 거주할지라도 거기서도 주의 손이 나를 인도하시며 주의 오른손이 나를 붙드시리이다 시편 139:9-10.

day 97

오고 가는 많은 상황 속에 의연하게 하소서

기쁨의 근원이 상황이 아니라
믿음이 되게 하소서.
늘 굳건한 믿음을 주셔서
흔들리지 않게 하소서.
보이지 않는 주의 사랑이
삶의 근거 되게 하소서.

오늘 나의 감사를 적어보세요

오늘 나의 기도를 적어보세요

믿음은 바라는 것들의 실상이요 보이지 않는 것들의 증거니 히브리서 11:1.

day 98

행하는 오늘 되게 하소서

모든 죄악을 담당하신
주의 길을 따르기 원합니다.
아프셨겠다, 눈물로 고백하고
잊지 말게 하소서.
나의 믿음이 감상이 아니라
결단이 되게 하소서.

오늘 나의 감사를 적어보세요

오늘 나의 기도를 적어보세요

율법을 따라 거의 모든 물건이 피로써 정결하게 되나니 피 흘림이 없은즉 사함이 없느니라 히브리서 9:22.

하나님과 함께 나는 매일 전진합니다

오늘도 새날을 허락하시고 전진하는 인생을 주신 아버지, 감사합니다.
나는 매일 똑같은 하루를 보내는 것 같지만,
나는 하나님과 함께 전진하고 있음을 믿습니다.
하나님의 한 날이 나의 천 날보다 낫다면
오늘 내가 하나님과의 한 날을 보내기 원합니다.
그래서 이날이 인생에서 가장 의미 있는 아름다운 날이 되게 하소서.

나에게 약속하신 모든 것을 영원히 기억하시고 지키시는 아버지를 사랑합니다.
오늘도 나는 잊었던 많은 순간을 기억하시는 하나님을 찬양합니다.
내가 기억을 하든 못하든 계산하시지 않고
언제나 정확한 때에 주실 것을 주셨습니다.
나는 언제나 아버지께 드리는 것을 계산하고 또 계산하는데
하나님은 한 번도 계산하지 않고 주시니 감사합니다.
언제나 배은망덕한 이기주의자로 살고 있지만
하나님은 그 모습조차 사랑해주시니 감사합니다.

오늘 나도 아버지와의 언약을 기억합니다.
내가 했던 모든 약속을 기억하여 실천하겠습니다.
하나님을 사랑하고, 찬양하며, 헌신하고, 기뻐하겠습니다.
여호와 하나님을 즐거워하겠습니다.
나의 주 예수 그리스도의 이름으로 기도합니다.
아멘!

day 99

하나님은 절대 나를 포기하지 않으십니다

십자가 앞 주님의 두려움이
큰 은혜로 다가옵니다.
도망가고 싶은 마음보다
사랑이 더 강렬했습니다.
십자가가 증명하는 것은
주님은 절대 나를
포기하지 않으신다는 것입니다.

오늘 나의 감사를 적어보세요

오늘 나의 기도를 적어보세요

에브라임이여 내가 어찌 너를 놓겠느냐 이스라엘이여 내가 어찌 너를 버리겠느냐…내 마음이 내 속에서 돌이키어 나의 긍휼이 온전히 불붙듯 하도다 호세아 11:8.

day 100

나를 위해 죽으신 예수님께 감사합니다

주님의 고난은
나를 위한 것임을
알게 하소서.
그냥 하나님은
나를 사랑하기로 결정하셨습니다.
일평생 무한 감사합니다.

오늘 나의 감사를 적어보세요

_____
_____
_____
_____
_____

오늘 나의 기도를 적어보세요

_____
_____
_____
_____
_____

아버지께서 나를 사랑하신 것같이 나도 너희를 사랑하였으니 나의 사랑 안에 거하라
요한복음 15:9.

사명선언문

너희가 흠이 없고 순전하여……세상에서 그들 가운데 빛들로
나타내며 생명의 말씀을 밝혀 _ 빌 2:15-16

1. 생명을 담겠습니다
만드는 책에 주님 주신 생명을 담겠습니다.
그 책으로 복음을 선포하겠습니다.

2. 말씀을 밝히겠습니다
생명의 근본은 말씀입니다.
말씀을 밝혀 성도와 교회의 성장을 돕겠습니다.

3. 빛이 되겠습니다
시대와 영혼의 어두움을 밝혀 주님 앞으로 이끄는
빛이 되는 책을 만들겠습니다.

4. 순전히 행하겠습니다
책을 만들고 전하는 일과 경영하는 일에 부끄러움이 없는
정직함으로 행하겠습니다.

5. 끝까지 전파하겠습니다
모든 사람에게, 땅 끝까지, 주님 오시는 그날까지
복음을 전하는 사명을 다하겠습니다.

서점 안내

광화문점 서울시 종로구 새문안로 69 구세군회관 1층
02)737-2288 / 02)737-4623(F)

강남점 서울시 서초구 신반포로 177 반포쇼핑타운 3동 2층
02)595-1211 / 02)595-3549(F)

구로점 서울시 동작구 시흥대로 602, 3층 302호
02)858-8744 / 02)838-0653(F)

노원점 서울시 노원구 동일로 1366 삼봉빌딩 지하 1층
02)938-7979 / 02)3391-6169(F)

일산점 경기도 고양시 일산서구 중앙로 1391 레이크타운 지하 1층
031)916-8787 / 031)916-8788(F)

의정부점 경기도 의정부시 청사로47번길 12 성산타워 3층
031)845-0600 / 031)852-6930(F)

인터넷서점 www.lifebook.co.kr